사이, 시선의 간극

박소진 시집

문학의전당 시인선
174

사이, 시선의 간극

박소진 시집

문학의전당

시인의 말

누군가 와서
물속으로
돌을 던졌다

수면이 열렸던 때

파문이 일렁인 곳

차례

시인의 말

제1부 낯익은 언어

몸의 직관 13
나의 언어 14
정동길 16
겨울을 보낸 너의 안부 18
딸기 꽃 20
바람을 부르는 소리 22
신부에게 24
에로토포비아 25
그해, 오늘 26
환청 28
성북동 불빛 30
빈 밤 32
냉이 캐기 34
지루하다 찬란하다 36
동행 38

제2부 사이-클

시대의 우울 41
굿바이 키치 42
멍 44
어항 46
시듦에 대하여 48
점 50
Le mal du pays 52
비를 보는 풍경의 진화 54
균열 56
나는 인문학을 했다 58
어른은 동화를 기억하지 않는다 60
그네에 앉아 발을 구른 어느 오후 62
시도 : 체스 64
사이 66

제3부 러시아 답신

골목길 저기서 일어나는 일 69
샤먼 70
루살카 72
안나 카레니나에게 부쳐 74
섬 정류장 76
우크라이나에서 온 편지 78
자연은 제 몸을 그린다 79
하루의 우연 80
지성의 정원 82
파리에서 서쪽으로, 옹플레르 84
어떤 것에 관한 표상 86
레닌의 초상 88
에르미타슈 광장 90
오래된 부족 93
신경질이 박힌 가시 94

제4부 모든 방

방　97
그 사랑　98
베르니사주　100
나는 너의　102
팔월의 한낮은 청춘과 닮았다　104
Distance　106
햇살 좋은 날이 항상 따뜻하지만은 않다　108
같은 언어의 방　110
누구나 그런 생각을 한다　111
누구나 겪는 착시현상　112
Collection　114
인식의 나체　116
기상　118
젊은 시　120
그림자놀이　122

해설 | 동행, 저 꽃나무 사이에게　123
최서진(시인 · 문학박사)

제1부 낯익은 언어

몸의 직관

열 시

아직 말을
못하는
아기는

엄마가
오는 줄 알아

할미 손
꼭 쥐고
흔들었다

나의 언어

강 어둔 초승달
아카시아 향 가둔 하늘
숨 거둔 한숨

쓰고 싶은 이야기
날 닮은 말
절규에 가까운 두터운
종
말

심연에서 울리는 동요
하고 싶었던 말이
축축하게
지면으로 거두어 차오른다

거기에 까만 점
거기에 한숨
거기에 말

그곳에 날 닮은 언어

언어의 춤사위
점 안에 갇힌
어디로 가야 할 나
미래의 창으로 걷는 춤을 추면서

그 속의 그 말
춤의 혀
나의 언어

정동길

첫서리가 사라졌다
눈빛마다 붉은 거품을 토하고
그녀의 발자국을 마주보고 굴렀다
내 발자국도 따라 울었다
초록 돌멩이끼리 짓이겨 껴안고
그 사이에 작은 틈이 생겨났다
새끼손가락 하나 들어갈 것 같은
세모난 고리 같다
거기에 내 심장을 껴 맞춰본다

걷는 외로움에
길 틈틈이 핏빛 그리움을 묻어 놨는데
가을이구나,
그녀의 낙엽이 하강하고
문득 끼워 넣은 심장이
잘 있나 궁금해져
다시 담들의 돌멩이로 갔다
퉁퉁 불어터진 고깃덩어리가

입이 달려
정신없이 뜀박질한다

어느새
차가운 낙엽 위로 하얀 발자국

겨울을 보낸 너의 안부

너를 짓이기면 차라리 나을 뻔했다
기억하는 일은 힘들다

다만 기다릴 뿐이다
말이 동그마니 남겨지다
어느새 거칠게 담을 넘었고
적막하게 숨이 막혀 내뱉어진다
나는
살아본 적이 없다 견딜 뿐이다
노란 저어새가 울어
밖을 보니
어느새 겨울이었더라

그래도 사는 게 낫다 하여
조금씩 걸어 볼라치면
네가 사무쳐 어찌할 바를 모르다
축축이 젖어오는 가랑이에
부끄러워 주저앉았다

나는 여전히 겨울이고

춥고

선하다

네가

딸기 꽃

손이 시리다
딸기는 찬물에 씻어야 한다
입김에 영글었던 씨앗들이 짓이겨지고
붉게 탄 입술을 하나씩 잘랐다
등 뒤 너머 식구들 웃음소리에
찬 손은 얼어가고

천국에 초대받은 아이들은
지상으로 내려올 때 딸기 꼭지가 생긴다는구나
가진 것 중 가장 순백의 이야기를
내게 바치겠다고
당돌하고 수줍게
머리에 이고 보는구나

명랑한 핏빛을 품고
그 속에서 고귀하게 피었다
프리카*에게 바쳐질 만했구나
손이 시려 그만 조각을 냈다

가시를 품은 장미로 돌아가지 못한
망각의 꽃잎은
그 누구도 기억하지 못해
홀로 외롭다

너를 따다가
손이 시렸다

---

*북유럽 신화에 나오는 여신.

바람을 부르는 소리

허공의 승무가 시작된다
바람결이 그네를 띄우면
구경 온 여인네 치마폭에
아들을 잃은 어미의 노래가 스민다
현을 뜯고 울음을 토하라

사냥하라
노루의 잘려진 발톱은
새총에 맞아서다
그녀의 쓸개를 피처럼 마시고

숲의 정령을 부르는 소리
붉은 영산홍을 몇 개 즈려
입술에 묻혀라
올빼미 부리처럼 날카롭게 뜯어라

뱀은 가라
제 둥지로 돌아가 똬리를 틀어라

네 놈의 성기 끝에서

땀을 마시고

생명을 내뿜고

신부에게

분홍빛 치마에 상아색 저고리를 입었다
곱슬머리를 곱게 펴고
곱상하게 틀어 올렸다
꽃신도 신는 거란다, 버선도 갖춰보자

유월의 결혼식에 엄마는 나보다 더 곱게 단장했다
너를 보내기 싫다, 싫다
그러니 더 고와야 하지 않겠니,
창백한 독백으로 애연히 눈물짓다

엄마가 나붓이 걷는다
나도 엄마 발자국 위로 신을 대어본다
나를 낳고 품어 살게 했다
같이 밥을 먹고 쏟으며 말해 왔다
추억이 굽이치는 날에,
쉰 살의 엄마를 껴안고 시린 발을 내디뎠다

에로토포비아

일그러진 웃음으로 누이를 업었다
푸른 섬에 사는 누이는 시퍼런 눈을 하고 나를 보았다
나는 서글픈 비소에 맞춰 엿가락을 하나 건넸다
누이는 내 등에 얹혀 간다
우리가 살던 조랑이 마을이 저기다
업힌 누이는 조용히 울고

허연 밑동의 얼굴에 누가 엿을 문댔는지
거무레한 재가 되었는데
누이의 빨다 남긴 엿가락이
재갈이 되어 내 입을 막고 우리의 구멍도 막았다

푸른 엿가락이 달달하게 핥인다
누이와 나는 슬픈 엿가락이 되어 노래하고
이고 가는 걸음은 서글프지 않는데
푸른 섬의 누이는 천천히 나를 두 손으로 할퀴고 간다

그해, 오늘

눈을 뜬다
핏덩이를 안고 사락사락한 모래알을 씹는다
기억을 가로지른다
갓난애가 놀고 있다
아기는 자라 여자의 이야기가 되리
엄마의 창은 딸의 눈이라
딸의 목소리가 어미의 웃음이라

엄마는 나와 열 달을 같이 살았다
나를 매만지고
내 손을 잡고
나와 속삭였다
연시감이 맛있다,
가래떡도 맛있다, 맛있다
우리 아기도 좋다구나

엄마처럼 나도 아기에게 말을 걸어본다
이건 초록 여름 나무

저건 토끼 닮은 구름
내가 걸어 엄마가 걸었고
내가 멈추면 엄마도 앉았다
내가 눕고 아기는 기었다

배앓이에 눈을 뜬다
호흡이 정적을 깨고 엄마를 부른다
아기는 상기된 울음을 훔친다
나는 내 딸과 열 달을 살았다
그해, 엄마도 나와 열 달을 살았었다
기억의 심장이 그리움의 온기를 내뿜는다

환청

목이 컴컴해 시야가 어둡네
집에 두고 온 아기가
부르는 울음에
귀가 울리고

발을 떼어 봐도
구둣발에 치어
갈 수가 없네
눈을 멀 것 같아
뜰 수가 없네

내 앞 어미와 아들이 앉아 있네
연정으로 지나친 모성애는
아들의 연인이요
내 아기의 울음도 들리네

이 길, 컴컴한 여기서
데려다주오

내 아기의 울음이 들려
귀가 멀었네

성북동 불빛

빛에 고개를 젖혔다
자정도 되기 전인데
달이 태양처럼 붉다
노란 눈물 뿜고
투미한 내 머리 위로 하산한다

죄 많아 오늘 같은 부름에
밤이 고개를 숙여 오면
별도 떨군 제 빛
처절한 달 노래

창을 두고 너를 본다
제집 밝히는 가로등 여러 개
그중 붉은 옥빛 뿜으며
달빛에 눈이 선하다
언덕 넘어와
이마 비추고

푸른 달 시린 노래
머리 위 눈물샘 이고
간다
빛 따라 가야 할 길에
먼 눈
보이지 않는 길

여기
한밤 진흙 발 허공에 딛고
초조한 숨소리
서글피 아껴두고
갈 곳 어딘가

오래된 달빛이 포근히 언덕을 메웠다
보랏빛 수국 이파리
파르르 제 몸 떨고
한 잎 떨며
찬란히 펼쳐지는 하얀 밤길

빈 밤

여덟 시가 넘었다
어스름이 아기에게 오면
자장가에 배를 태우고
불을 껐다
방구석에 두고 온 내 이름과
밤 인사를 했지

만나는 이유가 몇 개 없어
그래도 오늘의 옛일을 이야기하며
쓸쓸한 웃음만 하나둘 떨어지고
찬 공기로 방을 가득 채운 호흡으로
기어가는 밤
아기는 자는데
슬프지도 않은 밤 소란이
자꾸 말을 건네고

오늘 나
검은 숨소리

등을 토닥이다
울었어

냉이 캐기

그 자리 눈이 와
오지 않을 것 같던 흙밭에
어느새 따스함이 자리를 잡았다
풍경은 하늘을 나누고
봄 새 빛이 부드러운데

오늘은 냉이를 캐야 해
여기 쑥, 씀바귀, 고들빼기가 가득히 산다
냉이를 캐려면
호미를 들고
쪼그려 앉아야 하지

내가 앉아보니 네 머리통이 희다
내가 고개를 숙이니 네 잎이 보였다
내 허리를 굽혀 인사하니
저도요 저도요
땅속 깊이 움직이고 싶지 않던 뿌리
지금 내게 보여준다

자연은 인간에게 겸손을 가르쳤다

저도요 저도요

온갖 봄풀이 제 얼굴 내미니

나도 온몸을 너로 향했다

만지는 호미질마다

이야기가 차오르고

새 인사를 해

흐르는 바람결이 초록으로 메우고

따스하게 봄 냄새로 몸을 감싼다

지루하다 찬란하다

긴 호흡의 비가 그치자
매미가 운다
아까는 집 안으로 들어오려고
모기장에 가까스로 붙어 있었어
스멀스멀 올라오던
푸른곰팡이도 사라졌다
이불 빨래를 하러 세탁기 뚜껑을 열었다
며칠 전 미처 꺼내지 못한
팬티 하나가 돌돌 말려 있다

아이는 더운데 잘도 잔다
그 틈을 타 계란 세 개를 삶아
찬물에 헹구어 두었다
일어나면 간식거리로 먹여야지
껍질이 한 번에 잘 까지도록
찬물로 유별나게 헹구었다

냉장고로 걸음을 옮겼다

어제 사온 아이스케키 중 하나를
집어들고 한입 베어 먹었다
졸음이 온다
빨래를 걷어야 하고
아이가 갖고 놀던 색종이도 정리해야 하는데
자꾸 눈이 무겁다
한숨 자고 싶다

아침나절 푸른곰팡이를 지우려
락스를 뿌려놓은 화장실의 문이
더운 바람에 열린다
콱 막힌 냄새를 타고 온 공기
바늘로 찌르는 머리통

이불 빨래가 다 되었나 보다
졸리다
바닥에 엎드려 눈을 감았다

동행

엄마를 떠나온 어느 날은 시리게 따뜻했다
몇 안 되는 세간을 들인 날,
남루한 이야기를 늘어놓고
섬김의 절을 하였다
천천히 여자의 품으로 가라앉았다

새로이 만난 엄마와 가을을 지낸다
이건 벌개미취, 이건 들국화
몇 번의 발자국을 하늘 아래 찍어본다
서로 부둥켜 하얀 들판을 걷고
차가워진 팔을 겹쳐 안는다

하얀 발자국은 아직 마르지 않아
제 어미가 그리워 우는 여자를 달래어
저린 젖가슴 위로 입김을 불어넣어 본다
가늠 없이 겹쳐 안은 팔 사이로
따뜻한 눈물이 여자를 적시며 내린다

제2부 사이-클

시대의 우울

총소리가 났다더라
진부해지지 말자며 간절했다
기억은 사람을 잃고
상상이 사상을 지배하는 세상

세대가 가면 시대가 오네
우리가 사라지면
기억하는 이는 없네
결핍된 이야기가 떠돌고
외로운 바람 소리가 붉은 기억을
더듬느라 슬피 운다

아비의 시대는 제삿밥도 없어서
여기 떠도네
그리움이 파편으로 박힌
시대의 우울로 길을 터
조각난 기억을 맞추느라
오늘도 저만치 간다

굿바이 키치

그림자 없는 종은 없다
혼도 제 모습 있어
죄같이 등에 이고 있다
신도 제 모습을 발밑에서 보지만
너의 진실의 창은
오만으로 재갈 물려
검게 닫쳤다

재갈 물린 시여 이야기여
모든 드라마와 영화의 근원은
책이라는 사실을 기억하자
우리가 지키려 했던 잊히는 모든 것들
너와 나의 손끝에서
우리의 눈물샘에서 처절히 부서지네

발자국이 찍혔다
짓이긴 것도 아닌데
움푹 팬 바닥에

축축이 물이 젖어 들었다
그 위로 우리 손끝에 묻었던 흑색 잉크가 번진다

누가 무엇을 따라하는가
혼을 도둑질한 재주에
기억 없는 눈물샘이 드리우고
역사 없는 이야기가 들려대고
지키려 했지만 숨 거둔 모든 것들

굿바이 키치
굿바이 소울

멍

샤워를 하다 문득
발등을 보았다
물 끝이 튀어 닿는 곳
검게 붉은 반점

눈앞을 간질이는 개미가
저기도 있네
예수 그리스도의 못 자국으로
죄를 품었는가

오늘의 무게만큼
십자가를 지어
거무스름한 두터운 눈물을 흘리고
지워질 생각을 하지 않는다

물을 걸걸히 쏟아부어
자국을 닦아 흐릿해지니
발등의 무게에 다리가 저렸다

죄의 무게에 멍을 새겼다

내가 만든 못 자국 새긴 자리에
물방울이 떨어져
쓰린 향유처럼 번지고
시린 연기에 비빈 눈으로

스스로 새긴 시퍼런 각인을
서글피 바라보면
무거운 훈장
갈 길 놓친 나 있네

어항

나와 너희들 사이에 유리창 하나
유리 너머 너희의 바다는
그토록 깊고 멀다

세간을 챙겨 나와 들어간 집에는 큰 어항이 있다
아침마다 너희에게 먹이를 준다
너희의 종족을 지켜주기 위함이다
너희는 뭣 하러 여기 있느냐

어항 앞에 앉아 먹이를 주고
너희가 배 채울 동안 유리에 비친 나를 본다
어항 속에는 나의 골짜기도 있고
나의 큰 산도 있고
나의 어머니도 있다

떨어뜨려 짓이긴 날들이 지금 여기 비치운다
너희의 잔물결이 기억의 파도를 일으키기 시작하니
내가 꾸던 꿈이 파도가 되어 손짓한다

부지런히 너희에게 먹이를 주련다
부지런히 나를 일렁거리게 해주련

시듦에 대하여

비가 오면 낙엽이 모두 떨어질 줄 알았다
꽃잎 마냥 수더분하게

봄비는 잎을 모두 떨구게 하는데
겨울비는 어떨는지 몰랐다

지켜보기로 했다
지금 비가 그쳐
내일 밖에 나가보면 겨울은 가버렸을 테니

봄의 자리, 겨울의 안녕
죽은 눈, 소멸의 인내
회색 풀 속에 손이 자라났다
네 손, 눈을 파는 네 손

그친 비에 밖으로 또 나갔다
길 공기 속 축축한 시멘트 냄새 바람
하늘이 녹인 눈, 땅 빛줄기

너는 고개를 든다
시푸른 도라지꽃, 이파리가 붉다
너는 시들어 내게 왔다
그 안녕에 흩어진 봄 냄새

점

거기 침묵 하나
세계의 모든 입
닫고 들어야 하는 귀한 공명
신은 눈을 빚고 귀를 만져
우리를 만들었다

.

어둠을 뺀 여백
하얀 종이 위
번진 점의 굴곡

.

이야기를 마치고
마침표를 찍고
파인 구멍에 쏟아낸다
거기에 눈먼 말의 희생과
이야기가 되지 못한 말의 죽음과
쓰지 못해 꺾인 펜의 끝이

묻혔다

.

우리는 누구나 점을 하나씩 가지고 있다
네 얼굴에
내 팔꿈치에
네 복사뼈 위쪽 삼 센티 거기에도

.

그 속엔 지상의 심연처럼
서로의 심장에 닿으려고 깊게 관통한다
까맣게 패인 자리에
뭇 이야기가 스며 있다

. 여기에

Le mal du pays

오늘 너,
기분이 안 좋아 보여
무슨 일 있어, 라는 말이 지겹게도
허공에 멈춰 있다

허공의 강에서 흐른다
뚝
뚝
하강의 신호
감정의 물줄기가
흐르다, 흐르다 넘실거리다가
돌아갈 수 없는 미련한 바위에
지금 부딪히고
공중 그네를 탄 감정의 알알들이
순간 바닥에 부딪혀 흐른다

그러다 다시 어느새
모난 꼭짓점을 만들어 제 점을 끼워 맞춘다고

이리저리 헤집어댄다
지나다니는 곳곳마다
제자린 줄 알아 가고 멈춤, 가고 멈춤
그리고 다시 정지
다닌 길마다 제 흔적을 남기느라
파인 곳, 내 아픔은 모른다 했다

네 움직임이 고요해졌다

언제고 시작될 허공의 동요
무섭게도 침묵의 장막이
소란스럽게 시작을 속삭였다

비를 보는 풍경의 진화

비는 그칠 생각이 없다
생성과 소멸의 공존
바깥 빗소리에 귀가 얼얼하다가
나뭇가지 움직임이
조금은 고요하다
닫힌 창틈 사이로
폭풍우가 으르렁댄다

경계에 닿아 부서지는 물방울은
제 삶을 끝내는 찰나
몸의 파편을 공중에 무겁게 뿌린다
잎사귀에 부딪히고
모래 틈으로 들어가고
누군가의 우산에 닿아
소멸의 소음을 탄다

그러다 내 창의 표면으로 왔구나
생을 조금이나마 붙들려

방울의 결정체로 유리를 붙잡고 있다
너는 곧 산산이 분해될 것이다
시멸의 종말에

곧 비가 그치고
해가 뜰 것이다

균열

꺾인 꽃대
눈물 되어
쏟아진 그 겨울
하나의 땅속
깊이 잠들었던
까만 심장이
예고 없이
요동친 그날

저 세계의 끝으로
들어간
가난이 아니었어도
선택된
죽음의 틈으로 벌어진 사이로
나온 자는 없고
들어간 자만 있던 날

아이티의 밤

아릿한 아지랑이가

피어오는

균열의 절벽

사이의 상처

나는 인문학을 했다

형태가 있는 것이 낯선 적이 있다
어떻게 이름 붙일까
무엇이라고 불러야 하나

관념의 동그라미가
방을 여러 개로 나누고
하나씩 세를 내주었다
지나치는 사람들의 얼굴에
각자의 시선에
우리 사이의 언어에, 모두
누울 자리를 펴주었다

거기에 사는 관념의 사색들은
저들끼리 새로운 시를 읊다가
사상의 돌담을 쌓고
그 경계에 꽃을 끼워놓고 다녔다
일의 목적과 가치로 자화상을 그렸다

태초에 거기에 있던 것은
형태가 있는 것도
물질도
과학도
기술도 아닌

그들은 아름다운 방, 거기에 살았다
오늘도 방으로 들어간다

어른은 동화를 기억하지 않는다

아이가 책을 뽑아 들었다
제목 : 청개구리 이야기

청개구리는 왜 청개구리가 되었는지
까마득히 잊고 있던 이야기
왜 개굴개굴 울어대나

아이가 질문을 했다
양서류 발성기관의 특성 때문인가
인터넷을 검색해보고
쉽게 설명해줄 수 없어 관두었다

기억을 다짐해도 떠오르지 않는 이야기의 꿈
산타클로스가 아이스크림 만드는 장난감을
크리스마스 전날 밤에 주고 가고
호박 마차를 타고 숲속을 달리는 신데렐라와
춤을 추고
과자로 만든 집에서 스프를 먹고

두둥실 기구를 타고 할머니 집에 간다

세상을 알면서
동화를 잊었다
도화지는 비평적 글 읽기로
더러워졌다
우리는 모두 손 모아 기도했었다

기도의 의미는 몰라도 되었다
꿈을 꾸었고
상상했다
그때의 눈으로
그때의 마음으로
우리는 그저 순수했었다

청개구리가 비 오는 날 우는 이유는
강가에 묻은 엄마 개구리가 떠내려 갈까봐
슬피 울기 때문이었다

그네에 앉아 발을 구른 어느 오후

흰 새벽 옆집에서 플루트 소리가 흘러왔다
Over The Rainbow
여기 조금 넘어가는 거기
까만 가슴에 데워진 입김이 세차게 불어와
지금, 여기 누구도 없어
얘들아, 엄마가 불러
남겨진 발 구름에
멈추지 못한 그네에 내가 앉아 있다
어둑해졌다 순간이
나와 그네 사이에 쇳소리가 비릿하다
주변이 춥다
잡은 손잡이가
다리에 힘을 주어 공중을 향해 뻗는다
모래가 신발 끝 발가락에 튄다

몸의 대지에서 진동하는 그네의 추
조금씩 움직이는 다리 사이
따라오는 작은 다리

그 사이 떨어지는

Over The Rainbow

시도 : 체스

가나다라마바사아자차카타파하
갸냐댜랴먀뱌샤야쟈챠캬탸퍄햐
거너더러머버서어저처커터퍼허
겨녀뎌려며벼셔여져쳐켜텨펴혀
<u>고노도로모보소오조초코토포호</u>
<u>교뇨됴료묘뵤쇼요죠쵸쿄툐표효</u>
<u>구누두루무부수우주추쿠투푸후</u>
<u>규뉴듀류뮤뷰슈유쥬츄큐튜퓨휴</u>
<u>그느드르므브스으즈츠크트프흐</u>
기니디리미비시이지치키티피히

쓰지 않은 손가락
불편하게 어렵다

말한 적 없어
굳은 혀

문득문득

맴도는

결함적 사고

사이

경계로부터의 외로움은 숨을 데가 없다.

어디라도 속해 제 목소리를 내야 한다. 이편과 저편의 딱 그 가운데에 있어 무얼 해야 하는지 모르겠다. 근래에 계절이 바뀌었다. 가을바람이 좋아 창문을 열어두었다. 창 하나를 두고 지금의 일상이 기억의 저편이 되고 저 너머의 기대감은 다시 내 곁으로 온다. 여름의 세계에 가을이 들어오려 하고 있다. 분명 그 사이에서 한여름 푸르렀던 잎이 저를 놓치지 않으려 제 몸의 붉은 눈물을 흘릴 것이다. 바람결도 그걸 알아 세심히 분다.

제3부 러시아 답신

골목길 저기서 일어나는 일

어항에서 금빛 금붕어가 튕겼어
누워 파닥거리고
나를 보는 거니

소녀는 저만치 헤엄쳤지

얼마 전부터 너는 어항 밖 세상을 궁금해 했어
고귀한 색을 몸에 달고
달빛을 등에 얹고

소녀는 저만치 갔지

물꽃을 퍼트린 네 비늘은 찢어질 것 같아
물 밖으로 나오는 법을 가르쳐주지 않았잖니
비늘이 눈이 부셔 물꽃을 퍼트리는데
시커먼 숨소리에 달은 차구나

소녀는 저만치 울었지

샤먼

목동은
바람 길을 보고
양을 몰았다

파도 소리에
귀를 열고
바다 길로 갔다

한 날은
곰을 잡고
제 가슴 언저리 얹고
여러 날 지샜다

사슴 뿔
겨우내 곱게 갈아
구슬로 꿰었다
어느 하루 갑자기

누군가 왔다
이성에 갇힌
사유의 총대
부족을 덮쳐

땅 깊이 박힌
주술의 대화
보리스 언덕*에
꽂힌 말뚝의 페룬**

꿰어진 염원
거기 묻힌

---

*모스크바 강 기슭에 있는 언덕, 참새 언덕으로 불린다.
**러시아 민속신앙 속 번개를 관장하는 신.

루살카

그렇게 서 있으면 안 돼
루살카가 올 거야

결혼하기로 했었지
남자가 변심을 한 거래
처녀는 마을 연못에 빠져 죽었어
루살카로 태어나기 전

남자가 지나갈 때면
그녀는 뭍으로 나오지
나체의 향연
넋을 대신한 제물
물속으로 데려가

루살카
선하디선한 네 진정이
찢겨져 묻은 하얀 피
호수가 붉게 번져간다

천천히 목을 죄어
네 울음을 듣게 해도
좋다

긴 밤이 너를 피해간다
검푸른 하늘
무겁게 휘감은 네 허리

안나 카레니나에게 부쳐

안나 카레니나가 기차를 타고
멀어지는 브론스키를 보았을 때
내 삶은 기억되는 줄 알았다
보통의 날에
고전을 읽고
그곳의 입맞춤을 따라한다
화려한 군무여

그러나 나는 여전히 느리네
사랑할 여유가 없고
온종일 노랗게 짓무른 하늘만 보네
때로는 가쁜 숨을 토하고

내가 울었던 날이
구름도 하얗게 샌 어느 날이
지나치지도 않게 적당했던 하루에
그래, 잘했다 토해내고 천천히 지워지고
수신인 없는 편지 마지막에

내 이름 세 글자를 쓰고
연약한 연애를 닮은 얼굴로 초라한 옷깃을 여민다

그런 기차를 타고 싶었다
안나가 울던 기차
안나처럼 사랑하리라 했다
안나처럼 수줍지만 초라하지 않게

섬 정류장

섬으로 들어오는 다리는 언제나 안개가 가득하다
개운하게 걷힌 날이 없다
시내 고속버스 터미널과 섬마을 비석 앞을 오고가는
버스는 고요하다
내리는 사람도 오르는 사람도 별로 없다

좋은 약을 가져왔다 했다
꽤 좋은 물건이다
아픈 누이가 밥을 먹을 수 있다
집 나간 아들 때문에 말을 잃은 어미도 웃는다 한다

섬 다리 밑 물안개까지 헤치고 온 터라
누이와 어미를 살릴까 하여
육지 사람들이 만병에 좋다 하는 거라
동생 찾을 돈에 모아둔 돈을 탈탈 털어 몇 개를 샀다

우리에게도 꿈이 있었다
춤도 추고 노래도 할 꿈이었더랬다

희망만은 일그러트리지 말자고 했던 이야기였다
우리들의 천국 속에서 살았다

육지에 다녀오면 받을 수 있다는 약은 아직도 오지 않는다
버스가 지나가기만을 기다리다 오늘도 집으로 간다
여전히 내리는 사람도
오르려는 사람도 없다

우크라이나에서 온 편지

사람은 그리도 말이 많다
상스럽게 굳힌 말들이 비루하기 짝이 없다
오해의 조각이 하얀 가슴을 도려내고
비난은 칼이 되어 푸른 안개를 파르르 친다

아무것도 몰랐던 소냐는 조용한 나라에 아무도 모르게 갔다
　함구의 폭력 속에서 갈 곳을 잃다가 어떤 하루는 소피아 성당 위 종탑에서
　겹겹이 몸을 싸고 구걸을 해보자 했다
　아무도 올라오지 않는 그곳에는 매일 시간을 어기지 않고 종을 쳐대는 수도승만이

　성나고 비뚤어진 마음갈퀴가 톱니바퀴처럼 움직인다 다시
　새벽 눈이 종탑 벽 가장자리에 살며시 닿아 조금씩 쌓이고
　정오를 알리는 종소리가 울리자
　소냐는 시린 아침에서 깼다
　무릎을 마주하고 눈물을 흘렸으니 이제, 종탑의 계단을 내려가자

자연은 제 몸을 그린다

흐트러짐 없는 조화
공동체는 친밀했다
간결하고
한정된
언어들의 춤

춤의 그림자를 따른
나무의 바람결
맞닿은 공기
선하게 휘어 감는다

우리
제 몸 온전치 못해
검은 그림자의 주(主)
다른 모양을
빚지만

자연은 제 몸만을 그린다

하루의 우연

문을 열고 밖으로 나가려다 잠깐 든 생각에
다시 문을 닫았다
갑자기 문득 포트에 물을 끓여야 한다는 사실이 떠올랐
기 때문이다

자려고 침대에 누우려다 잠깐 든 생각이
굽이쳐 다시 일어났다
그러다 오늘 무엇인가 했어야만 했던 일들에
소스라쳐 눈을 떴다

반복의 소리에 바퀴가 굴러간다
하루 동안 바스락댄 소리들은
저마다 몸에 새긴 음표의 순서를 기억해서
내일도 소란스러울 거다

오늘 나를 거쳐 간 대화들은
기억의 바퀴에 끼어 내쳐지지 않는 한
귓가로 흘러들어갈 것이다

지금의 이야기들이 내일에 머물러
한낮의 허리에 오늘의 소란이 살며시
그랬었지 하며 더듬는 손짓의 끝머리에
기억과 이야기를
새겨 넣는다

포트에 물이 다 끓었다

지성의 정원

도스토예프스키는 『미성년』에 이렇게 적었다
"그 사람은 이렇게 했습니다."

우리 사이에 기준이 있다 하면
그것은
누군가 만든 치기의 잣대

모든 입을 넣고
쓴맛만 골라 뱉어낸다

잣대의 이편에 들어간 나와
저편에 남은 너는
원래부터 한데 우리였는데
우리들이 만든
논리와 이성과 사고의 표준 상자에
먼 이웃이 되어버렸다

그게 어쨌다는 것도 모르는데

그것이 나쁘다, 틀리다 하고
규정의 장막으로
우리를 가른다

갈라진 사이에 꽃이 피기 시작했다
우리는 어느새
두텁던 향기에 취해
다른 꽃들도 어디선가 옮겨와 심었다

지성을 가진 자들만
들어올 수 있는
꽃이 만발한 한겨울
그대의 정원

도스토예프스키는 『악령』에 이렇게 썼다
"아무래도 악령이 우리를 들판으로 내몰아서,
사방을 헤매게 만드나 봅니다요."

파리에서 서쪽으로, 옹플레르

청춘의 발로로
그 어떤 곳에서도 반짝반짝 빛날 거라던
가슴의 찬 열정으로 도착했던
그때, 그날
파리에서 서쪽으로 옹플레르에

이른 아침, 나는
짐을 풀지도 못한 채
옹플레르 항구 앞 방파제 위에
비좁게 몸을 틀고 앉아
어디서 오는지도 모를 그 배를 보았고

천천히 걸었다
나는
작은 갯마을 뒷골목에서
새벽 처음 굽는 바게트를 사먹었다
고소한 빵 냄새에 머리가 호사한다
옹플레르

푸른 담에 하얀 풋말들이 여러 개 제집 표시를 하고
지붕의 갈색 나뭇결에서 편안한 냄새가 풍기는 것 같다
가라앉은 공기에
새벽이슬이 화려하게 내려앉았다
연무가 차갑게 퍼렇다

몇 년이 지난 지금도 마음에 담아둔 그날
하늘이 반기는 도시
오려고 했던 곳이 아닌
파리에서 서쪽으로, 옹플레르

어떤 것에 관한 표상
— 랑그와 파롤

사라져가는 약간의 아름다움
현재에 잊힌 사소함의 여정
묻혀가는 기록의 침묵 속에
조용히 부류하는 언어가 있다

여기는 의미를 갈구하는
랑그와 파롤에 관한 기호 오브제

세계 속 정의적 영역의 그림자를 적시는
의미의 무게를 랑그에 담아
외롭게 무언가를 웅얼거린다
엄청난 무게에 입술이 처진다

잇몸 사이마다 맴도는 보편적인 발성
우리는 똑같은 외투를 하나씩 입고
같은 얼굴로 한 세계에서 말한다

랑그의 긴 동굴을 지나

보이거나 읽히는 실재를 만났다
대립의 선에서
하나의 언어로 다시 태어난
온전한 파롤의 촉감으로
입맛을 다신다

누군가에게 의미가 되려
외로워하는 입에
투명 망토를 걸쳐
생각이 닿는 곳마다
말의 그릇을 빚는다

너를 부르는 말이
여러 갈래 빛을 낸다
파롤의 축제여

레닌의 초상

소외의 체스 한판이 열렸다 나는
오른쪽에 앉았다 곁은
모르는 이의 좌(座)

오른편에서
검은 말 하나 움직였다

병사가 움직였다
민중의 말(言)로 일으킨
작은 소란의 반란
격자의 십자가

내 앞에 앉은 ленин*
힘껏 웃는다
그대 과연 무엇이 좋아서

어느 화가가
시간을 걷다가 우연히

우리를 보고
눈에 담았다

공장에서 찍어낸 캔버스 위에
어떤 얼굴을 드로잉 한 후
또 그 위에
붉은색들을 뿌렸다

하얀 눈밭
레닌은 거기 묻혔다

붉은광장 위
역사의 관
죽은 꽃과 패배의 불꽃이
초라하게 지켜준다

---

* ленин : 레닌의 러시아어.

에르미타슈 광장*

깃대에 붉은 핏물이 스며 있었다

여기 모인 군중들의
목소리가

라부슈카**를 쓴 노파가 쥔 주먹에서
파란 혈관이 튀어 오른다

젊은 남자의 다리 뒤에서
붉은 쁠라똑***을 두른 소년이
제 동생의 손을 꼭 쥐었다

쉿,
여성보다 위대한 존재는 없다

냉전의 서막
세기의 종결
12월의 항쟁

그곳에는
여전히
흙먼지 구르는 마차에 탄
오네긴****은
타치아나를 만나러 오는 중이고

세 번째 운하 7번지 집에서는
바로 전 결투에서 총을 맞고 죽어가는
푸슈킨이 누워 있다

눈보라치는 넵스키 거리에는
외투 잃은 아카키*****가 아스라이
힘없이 걷고 있다

2003년
왕과 왕비의 옷을 빌려주고
사진을 찍어주는 캄차카에서 온 남자

유행이 지난 낡은 라부슈카를 쓴 소녀
쁠라똑을 두른 늙은 남자의 낫과 망치 문신

장면의 제거는 역사를 데려왔다
딛는 자리를 기억하라
시간이 양보한 흔적에
겨울 광장, 그 둥근 자리가
스산하게 시리다

쓰레기통을 뒤지던 늙은 노파는
어느 날 지하철 옆에서 죽어버렸다
모른 척 눈 가리고 모두
하나둘 까마귀 떼가 몰려들었다

---

*에르미타슈 광장 : 러시아 상트페테르부르크에 있는 에르미타슈 박물관 앞 광장. 궁전광장으로 불린다.
**라부슈카 : 함정, 계략, 책략을 비유적으로 이르는 러시아어.
***쁠라똑 : 사각형 모양의 러시아 전통 스카프, 손수건.
****오네긴 : 러시아 작가 푸슈킨의 운문소설 『예브게니 오네긴』의 주인공.
*****아카키 : 러시아 작가 고골의 소설 『외투』의 주인공 아카키 아카키예비치.

오래된 부족

장마가 시작되었다

지루하게 부류하는 거취
떠다니던 수화기가
두텁게 천장에 부딪친

소리 없이 지나간 자리
면의 푸른 흔적
며칠 후 번질 곰팡이

거기 송곳 하나가 지나
위로 물이 흐른 길

공허한 소음에
고요한 냄새의 기원
거기, 우리의 역사

조용히 누워 있다

신경질이 박힌 가시

 삼십 년 넘게 다르게 살아온 우리는 한집에서 새로운 동거를 시작했다. 몸의 모든 흔적들은 나체로 집안 여기저기 흘러 다녔다. 습관의 바퀴가 하는 일들은 조용히 제 일을 했다. 새롭게 여정을 푼 집에서 숨을 고른다.

 귀가 있다. 고요했던 귀의 자리가 자꾸 소란스럽다. 제일을 하는데도 다른 소리에 본디 들어야 할 소리를 들을 수 없다. 내 발끝에 사람들의 목소리가 달려 다닌다. 무겁고 축축하다.

 숨을 데가 없다. 아무리 찾아도 여기는 너무 덩그렇다. 있어야 하는 곳에 꽂힌 시선이 너무 따가워 아프다. 현관 앞쪽에 붙은 방 한쪽 구석으로 몸을 접어 누웠다. 오늘 하루 동안 박힌 가시들을 빼야 한다.

 깊이 박혀 상처를 내야 하는데도 피가 나지 않는다.

제4부 모든 방

방

절박한 소음 속
파동의 요동이
고여 있다

갈비뼈와 등판 사이에
펼친
은하수 다리

부류하는 감정이
넘는 고개
잠시 쉬는 거기

누운 자리에
상사화가 폈다

그 사랑

그해 그 봄 떠오르는 얼굴
눈을 빛고
귀를 열어
더듬는 손끝에
잡힐 듯해 움켜쥔
그해 그 봄 그 이야기

우리는 기다렸다
학교 벤치에서 서로를
봄꽃이 내리는 하늘 아래
나를 찍으려 연신
셔터를 누르던 손짓

하늘에 봄이 왔다
기다리던 시간이
더듬어도 검은 한밤중
깜깜한 흙빛 속 꽃빛
나풀거려

이보다 더한 봄
이보다 더한 멜랑콜리
거기
모든 세계가 들어 있었다
네 눈, 내 몸짓

봄의 끝은 잔인했고
시간을 성나게 긁는 소리에
소스라쳤다
내 봄
네 이야기
그 사랑, 봄
다시 걸을 수 없는

베르니사주

우리는
조용하고 나직한 촛불과
작은 나무 스툴과
새롭지 않은 벽지와
주황색 등을 단
높은 천장을 좋아했다

다른 둘의 언어로
같은 공감을 하는
우리의 이야기,
아무리 부정하려고 해도
닮은 구석이 있었고

같은 향기를 찾으면서
음식을 먹었다
포크와 나이프의 부딪힘이 부드럽다
나누는 대화의 불안한 줄을 타고
우리는 다른 곳을 보지 않는다

앞을 봐야
발을 제대로 딛을 수 있었으니까

나는 내 느낌을 믿는다
나는 그 눈을 믿는다

조용한 슬픔이
다가오기 전까지
우리가 함께 섬긴 기도

같은 향기를 마시는 커피를 앞에 두고
이별을 이야기하는 것만큼
최선을 다해야 하는 일은 없다

베르니사주, 천장이 높던 거기

나는 너의

봄, 그렇게 봄이 왔다
그리운 대로 봄이 왔다
그리우면 가슴이 저미는 대로 왔다
네가

저기 내가 있다
거기 나무 끝에 걸린 시간에
바람에 여민 가슴이
자꾸 두드린다

봄은 그대론데
네 꽃망울도 여기, 여기 그대로
그런데
차가운 너는 갈 데 없이
못 잡은 꽃눈 가득한 기억

거기에 있다 넌
나는 여기에

너는 거기 그대로

나는 너의

이야기가 되지 못한

봄의 기억

떨어진 꽃봉오리만을 더듬고

팔월의 한낮은 청춘과 닮았다

정오가 되자 태양이 넘실거리기 시작했다
붉은 아지랑이가 정수리에 맺혀 떨어지고
머리 위엔 쉴 곳이 없어 뜨거움이 숨을 데가 없다

열병 든 호흡이 가쁘다
타는 해의 작열함을 잊으려 그때의 무모함을 생각했다

치기어린 용기
겁 없는 의기
인생의 열병을 담은 청춘의 시기
타는 목마름이 맺혀
도망갈 데도 없던 한낮의 투명한 창

그리운 날들은 여름과 닮았고
오늘처럼 햇빛이 화려하게 비추는 날에는
지나간 여러 날이 더욱 그립다
젊은 날, 보고 싶은 파편의 기억
간직하고 싶은 청춘

여름의 한낮은 더욱 찬란하다
뜨겁게 타오르던 나의 삶

Distance

고작
어제 말야

낙엽이 지기 시작했는데
첫눈 온 오늘,
10월 17일

시베리아의 겨울은
가을과 봄의 경계에서
눈을 뿌려

내 위로 앉은 소식
한 뼘 높이 위로
찬 서리의 요동

가을이 애석해
돌아갈 거리가
몇 달뿐인데

겹겹 쌓인 눈(目)의 층이

두터워

옮기기도 무겁다

햇살 좋은 날이 항상 따뜻하지만은 않다

요 근래 비가 와 축축해진 공기를
여닫으려 창을 만졌다
한 줄기 빛 자락이 눈썹을 간질여
파르르 시린 바람 한 잎이 떨렸다
오랜만이다
기다린 햇살이 지상에 여행 와
바람을 비켜가고
구름을 켜켜이 벗겨내고

밖에라도 나가보려고
움츠린 발가락 몇 번 펴보고
신던 신발 가지런히 놓으니
울렁대는 초록빛이 가슴을 친다
하늘빛 쪽빛이라
하늘도 따뜻함을 품고
만물이 기지개를 켜는 포용에
알몸으로 거리를 나갔다

부끄러운 몸뚱이 사이로
바람이 흐트러짐 없이 불어댄다
무거워졌다 눈꺼풀이
집으로 이만 들어가야 할 것 같다

같은 언어의 방

남은 사람들이
눈치 게임을 한다

선한 본질에다가
값을 매겨
거래한다

막다른 네 골목에
다다른
한 꼭지 이야기
무시와 경멸의 존경으로
첨첨 쌓아 올렸다

방
가득 메운
우리 입김이
무겁게 내려선다

누구나 그런 생각을 한다

　어리석은 것들과 죽이고 싶은 것들과 지저분해서 끔찍하게 여기는 것들과 나는 같은 선상에 있다 팔을 뻗거나 손가락을 쭉 펴서 저걸 건들기만 하면 나가떨어져버리는 것들에 대한 공통적인 생각

　읽지도 않는 책들을 모으는 것과, 책의 겉표지 색깔대로 책장을 꾸미는 것과, 문화예술적인 생활을 해야 하는 것과, 적당히 영어를 써가면서 이야기하는 것과, 오전 열한시 시내 한 호텔 커피숍에서 루왁 커피를 사 마시는 것에 대한 공통적인 생각

　잠깐 동안 잊고 있던 꿈을 기억하는 것과, 습관의 변화에 관한 새로운 다짐과 기억에 대한 기록과, 깨끗하고 정갈한 음식으로 꾸린 식탁과, 속옷을 삶는 냄새와, 셔츠의 하얀 깃과 여름철 시원한 슬리퍼를 준비하는 것과, 먼지 쌓인 선풍기 날개를 닦는 것과, 십 년 된 지갑을 정리하는 것에 대한 공통적인 생각

누구나 겪는 착시현상

처음 만났다
그런 사람은
내가 먼저 그에게 인사했고
그는 내 인사를 보고 살며시 웃었다
이름을 물어봤었다

그렇게 우리는 만났다
저 사람이 내 사람인 것 같다, 라는
담담한 관계의 시작

설렘이 인연을 만드는 것은 아니지
쿵, 하는 심장의 자극 없어도
어떤 이는 나를 오랫동안 사랑해왔다
내가 그에게 걸었던 사랑은
인연으로 가기 전에 부서졌다

지금 어떤 인연을 기대하며 사랑을 꿈꾸는가
사랑이 안착하는 그를 운명이라 말할 텐가

인연이라고 착각하는 것과
인연일지라도 인연이 아닐 수도 있다, 라는 것과
인연이 아니었어도 인연이었던 것 속에서
우리는 처절히 사랑을 한다

사랑이었다 할지라도
사랑이 아니었거나,
사랑이 아니었어도
그것이 사랑이었던
우리의 인연은
언제나 그 처음은 잘 알 수 없다

Collection

입의 칼
이성으로 부서진 말
연역의 모순
어느 날, 네모의 방으로
들어간 우리는
스스로 대화를 가렸다

모든 세계가 들어 있는
빈방의 안식처에
누웠다

소설을 새긴
검은 각인으로
형식의 뇌에
거대한 숨을 만들고
세포를 깨웠다

어둑해진 방에 켜켜이 세워둔

책의 무리
교양 있는 자들만 누리는 향유

말 아닌 말
글 아닌 글
이야기 없는 이야기
진실을 담은 정신으로
여전히
읽히는 글

여전히
누군가에겐
사랑받을 만한 권리로
창조된 소유의 문화

인식의 나체

완전한 공동체가 분열했다

멈춘 시간의 사후(死後)
어느 날 누가 와
수면의 문을 연 후(後)

궁금해졌다
스툴에 앉아 사이트 "F"에서 이름을 찾기 시작한다
검색 칸에 입력했다

나체로 명명된 이름

시간의 허공에 안착해
허상의 이름을 읽고
외로움의 결에서
목격하는 허무

알고 있지만

알 수 없는
우리의 나체
관계의 허공

그리고
영영
알지 못하는

기상

다시 오지 않을 불안의 맥을 잡는다
튀어 오를 가쁜 숨
심장으로부터 오는 소리
발톱 끝에 차갑게 피가 천천히 흘렀다
작은 소리로 속삭였다
불안의 심연에서 푸른 꽃잎이 피어났다

우리들의 잔상
모든 잊혀가는 것을 위한 호소
누구도 부르지 않아
이름 없는 생명
경계에서 조용히 죽어가는 고독
다시 일으켜 불렀다

다그쳐 사는 젊음에
시간을 잊는 날
기억 없는 일상
사랑을 지운 사랑

거기에 이름 붙이네
태어났는지도 모르게
소멸해가는 존재에

고독이 아파
그대를 꾹 움켜쥐었다
부족하지 않게 쓰다듬고
마음이 지어준 낱말로
부른다
다시 일어나 그대,
그대를 살거라
그대를 살거라

젊은 시

감정의 바람 길
흐르는 외로움의 선
한 여름날의 치기와
바닥에 부딪혀 산산이
부서지는 미묘한 마음의 갈래

부러웠다
하늘 아래 마음 그대로를
말할 수 있는 무모한 용기
옳음의 깃대를 드는 힘
당당한 건방짐이 있어서

네 이야기엔
편 가르는 허영의 옷가지 대신
예의를 갖춘 당찬 눈빛이 있고
무너지는 폭우 줄기에도
꺾이지 않는 눈꺼풀이 있다

솟아오르는 피가 꿈틀댄다
키가 큰 네 짧은 그림자 뒤로
세상이 기대어 있다
펜의 힘으로 걸어라
남은 삶이 너를 응원한다
세상은 아직도 시를 읽기 때문에

그림자놀이

나를 지나
큰 벽을 가로지르자
거기
앉은
고요한 소
란 가득
말 없는 말

해설

동행, 저 꽃나무 사이에게

최서진 시인 · 문학박사

어디라도 속해 제 목소리를 내야 한다.
이편과 저편의 딱 그 가운데에 있어 무얼 해야 하는지 모르겠다.
—「사이」

1. '말'을 뚫고 나오는 나비처럼

삶의 진실과 정직하게 대면하는 색깔이 있는 목소리와 투명한 발자국이 있다. 그 은은한 속삭임에 몸이 이끌려 어떤 세계의 문 앞에서 노크를 한다. 그 안에는 진정한 인간으로 성장하기 위해, 사랑하고 상실을 경험하고 감동받는 세계가 장치되어 있다. 당신의 두 발이 아름다운 정원에 있다면 아무것도 배우지 못한다. 그러나 만일 당신이 상실과 이별을 경험하면서 세계의 투막을 뚫고 나오는 중이라면, 손에 걸리는 저항감 때문에 그 순간의 소중함과 사물들의 진정한 힘을 만질 수 있을 것이다. 사랑, 정의 내리기 힘든 이것은 우리의 삶에서 유일하게 오래 남는 경험이고 피부가 되어버리는 옷이다. 또한 삶에서 결코 사라지지 않는 유일한 선물이다. 부탁하건대, 사랑 없이 휴일 날의 삶과 시를 여행하지 말라. 신이 우리에게 준 별무리를 움켜쥐고 빛과 바람과 영혼의 무늬를 따라 우리는 이것들의 행보에 집중해야 한다. 소중한 물건이 든 가방처럼 잊어버리지 않도록 고요하고 명징한 정신을 가지고 말이다. 이것은 무엇인가, 시란 무엇인가? 박소진의 시편은 '말'에 대해 말하기 시작한다.

> 강 어둔 초승달
> 아카시아 향 가둔 하늘
> 숨 거둔 한숨
>
> 쓰고 싶은 이야기
> 날 닮은 말
> 절규에 가까운 두터운
> 종
> 말
>
> 심연에서 울리는 동요
> 하고 싶었던 말이

축축하게

지면으로 거두어 차오른다

거기에 까만 점

거기에 한숨

거기에 말

그곳에 날 닮은 언어

언어의 춤사위

점 안에 갇힌

어디로 가야 할 나

미래의 창으로 걷는 춤을 추면서

그 속의 그 말

춤의 혀

나의 언어

─「나의 언어」 전문

  언어의 내면을 깊이 응시하고 대면하는 주체의 깊은 고독이 고요한 외침처럼 들려온다. 삶을 향한 열망과 좌절로 가득한 자유로운 꿈의 언어들이 조용히 몸으로 들어온다. 말이 만들어내는 환상이 거주할 수 있는 공간을 만들어주는 일은 아름답다. "쓰고 싶은 이야기/날 닮은 말/절규에 가까운 두터운/종/말" 주체는 제 안의 심연에서 들끓고 있는 쏟아내고 싶은 이야기를 품고 있다. 그것은 절규에 가까운 비명일 수도 있고, 이별을 경험한 상실일 수도 있지만 중요한 것은 날 닮은 말이다. 주체는 자신이 걸어온 길을 기록하고 싶은 열망으로 가득 차 있다. "어디로 가야 할"지 모른다는 뜨거운 고백은 삶의 심연을 치열하게 들여다볼 줄 아는 자의 목소리다. 방황하는 길 위에서 자신의 삶을 기어이 살아내고자 하는 마음이 '춤을 추면서 미래의 창'으로 걸어간다. 그때 만나는 것이 마지막(終)의 말(言語)이다. 진실은, 혹은 말은 온전히 자신인 채로 존재한다. 덕분에 앞으로 이 시집을 밀고 가는 힘의 실체를 알겠다. 그 실체는 슬픈 시간을 껴안고 자기 성찰을 통해 발전하는 방향으로 진실한 발걸음을 옮기는 일이다. 시인보다 더 시인다운 것이 시라면, 그 지점에서 '날 닮은 언어'가 탄생한다.

> 분홍빛 치마에 상아색 저고리를 입었다
> 곱슬머리를 곱게 펴고
> 곱상하게 틀어 올렸다
> 꽃신도 신는 거란다. 버선도 갖춰보자

유월의 결혼식에 엄마는 나보다 더 곱게 단장했다

너를 보내기 싫다, 싫다

그러니 더 고와야 하지 않겠니,

창백한 독백으로 애연히 눈물짓다

엄마가 나붓이 걷는다

나도 엄마 발자국 위로 신을 대어본다

나를 낳고 품어 살게 했다

같이 밥을 먹고 쏟으며 말해 왔다

추억이 굽이치는 날에,

쉰 살의 엄마를 껴안고 시린 발을 내디뎠다

―「신부에게」 전문

  오늘은 "분홍빛 치마에 상아색 저고리를" 곱게 차려입고 "꽃신"을 신고 신부가 되는 날이다. 주체의 삶이 결혼이라는 제도에 귀속되는 날이다. 그날은 무수한 생각들이 내면의 창으로 날아드는 날이기도 하다. 결혼이라는 길을 먼저 걸어간 "엄마는 나보다 더 곱게 단장"하고 "너를 보내기 싫다, 싫다"를 반복하며 "창백한 독백"으로 눈물짓는다. 엄마가 먼저 걸어간 길을 따라간다는 것이 그렇게 꽃 같은 길은 아닌가 보다. 그러니 사랑하는 딸을 보내기 싫어하는 엄마의 마음과 새로운 세계로 들어서는 신부의

두려움이 겹친다. 새로운 사랑을 시작하는 날 "엄마 발자국 위로 신을 대어보"는 모습이 미래에 대한 예감처럼 읽힌다. 앞으로 다가올 세계와 부딪치고 만나야 할 주소를 적어놓고 있다. "쉰 살의 엄마를 껴안고 시린 발을 내디뎠다"는 마지막 행은 앞으로 주체의 행보를 예감한다. 간절함보다 더 고요하고 아련하며 사려 깊은 시린 발을 내딛는 당신은 정면을 응시할 줄 아는 자이다. 그곳은 새가 날아가는 허공처럼 음악이 있고 눈물이 떨어지기도 하는 공간인 것이다.

> 눈을 뜬다
> 핏덩이를 안고 사락사락한 모래알을 씹는다
> 기억을 가로지른다
> 갓난애가 놀고 있다
> 아기는 자라 여자의 이야기가 되리
> 엄마의 창은 딸의 눈이라
> 딸의 목소리가 어미의 웃음이라
> ―「그해, 오늘」 부분

> 새로이 만난 엄마와 가을을 지낸다
> 이건 벌개미취, 이건 들국화
> 몇 번의 발자국을 하늘 아래 찍어본다

서로 부둥켜 하얀 들판을 걷고

차가워진 팔을 겹쳐 안는다

—「동행」 부분

    결혼을 하고 나서 시적 주체는 아이를 잉태하게 된다. "눈을 뜬다/핏덩이를 안고 사락사락한 모래알을 씹는다/기억을 가로지른다/갓난애가 놀고 있다/아기는 자라 여자의 이야기가 되리/엄마의 창은 딸의 눈이라/딸의 목소리가 어미의 웃음이라" 생의 낡은 무늬에도 불구하고 우리는 여자라는 운명을 지속해야 한다. '여자가' 아닌 "여자의 이야기"라고 기술한 대목에서 우리는 슬프게 주춤해야 된다. 그러니까 여자로 산다는 것은 무엇인지에 대해서 말해보자. 아내가 되고 엄마가 되는 일은 결코 간단하지 않다. 꽃이 피거나 열매를 맺는 일은 아름다운 일이다. 그러나 그 배면에는 고단한 "여자의 이야기"가 깃들어 있다는 뜻.

    「동행」은 새로운 엄마와의 가을을 지내는 이야기부터 그려진다. 새로운 아침을 맞이한 것처럼 동행들과 "발자국을 하늘 아래 찍"으며 걸어가는 일은 결혼한 여성이라면 필연적인 일이다. 이제 새로운 세계에서 동행해야 하는 자들이 생긴 것이다. 새로운 시간이 태어난 것이다. 주체가 새로운 세계를 인식하고 발견하지만, 자신으로서의 정체성은 끈질기게 살아남는다. "이건 벌개미취, 이건 들국화"라고 새로 익히고 발음하는 동안 가을 저녁이 깊어지듯 삶도 깊어지도록 천천히 걷기 시작한다. "차가워진 팔을 겹쳐 안"을 수 있는 자아의 힘으로 분홍별이 뜬다. 그리고 그 시간들을 함께 실현하기 위하여 삶이 아프다는 것을 이해한다. 어떠한 절망도 사소하지 않다. 그 절망의 기표들이 모여 시라는 집을 지을 것을 알기 때문이다.

2. 사라지다. 시간의 그늘 속으로

박소진의 세계 속에는 번민과 열정이 고스란히 묻어나는 시편들이 꿈틀거린다. "경계에 닿아 부서지는 물방울은/제 삶을 끝내는 찰라/몸의 파편을 공중에 무겁게 뿌린다/잎사귀에 부딪히고/모래 틈으로 들어가고/누군가의 우산에 닿아/소멸의 소음을 탄다"(「비를 보는 풍경의 진화」). 옥타비오 파스는 시는 앎이고 구원이고 힘이며 포기라고 말한다. 세상을 변화시키는 것이며 시적 행위는 정신의 수련으로서 내면적 해방의 방법이기도 하다. 시는 의미와 의미의 전달이면서 언어를 넘어서는 어떤 것이다. 모든 계절의 가장 아름다운 시간에 주체는 무엇을 소망했을까? 삶과 죽음을 물방울로 껴안는 실존 그 자체처럼, 누군가의 우산에 닿아 한껏 고양된 순간조차 죽음을 품고 있는 삶처럼, 시는 그 자신의 역사가 되고 삶이 될 것이다.

나와 너희들 사이에 유리창 하나

유리 너머 너희의 바다는

그토록 깊고 멀다

세간을 챙겨 나와 들어간 집에는 큰 어항이 있다

아침마다 너희에게 먹이를 준다

너희는 종족을 지켜주기 위함이다

너희는 뭣 하러 여기 있느냐

어항 앞에 앉아 먹이를 주고

너희가 배 채울 동안 유리에 비친 나를 본다

어항 속에는 나의 골짜기도 있고

나의 큰 산도 있고

나의 어머니도 있다

떨어뜨려 짓이긴 날들이 지금 여기 비치운다

너희의 잔물결이 기억의 파도를 일으키기 시작하니

내가 꾸던 꿈이 파도가 되어 손짓한다

부지런히 너희에게 먹이를 주련다

부지런히 나를 일렁거리게 해주련

—「어항」 전문

인간의 정서는 주체와 세계와의 관계에서 출발한다. 주체가 세계를 어떻게 인식하고 또 어떻게 수용하는가? 하는 문제에 의해서 정서가 결정된다고 할 수 있다. '인식'이란 사물을 분별하고 판단하여 아는 것으로, '세계'와 '나', 즉 인식의 대상과 인식의 주체 사이의 상호작용이다. 이 상호작용이 곧 주체의 세계인식이다. 「어항」에는 시인의 이렇게 생성된 정서가 투사되어 나타나고 있다. "어항 앞에 앉아 먹이를 주고/너희가 배 채울 동안 유리에 비친 나를 본다/어항 속에는 나의 골짜기도 있고/나의 큰 산도 있고/나의 어머니도 있"다고 슬픔에 잠긴 주체의 마음을 토로한다. 내면은 모두 골짜기를 가지고 있다. 그 골짜기 안에는 꿈이 있고, 오르고 싶었던 큰 산이 있고, 그리운 어머니가 있다. 사라져간 시간들이 어항을 인식하면서 내면으로 들어온다. "어항 앞에 앉아 먹이는 주는 동안" 아픔은 어항처럼 가까우면서, 어항 안에서 멀게 흐른다. 유리 너머 그토록 깊고 먼 바다를 그리워하는 주체의 비애 인식이 출렁인다. 막막한 시간 앞에서 시적 주체는 "부지런히 너희에게 먹이를 주련다/부지런히 나를 일렁거리게 해주련"으로 결단을 내린다. 만질 수 없는 균열을 감지하며, 그 균열의 시간을 기꺼이 살아낼 것을 다짐한다.

경계로부터의 외로움은 숨을 데가 없다.

어디라도 속해 제 목소리를 내야 한다. 이편과 저편의 딱 그 가운데에 있어 무얼 해야 하는지 모르겠다. 근래에 계절이 바뀌었다. 가을바람이 좋아 창문을 열어두었다. 창 하나를 두고 지금의 일상이 기억의 저편이 되고 저 너머의 기대감은 다시 내 곁으로 온다. 여름의 세계에 가을이 들어오려 하고 있다. 분명 그 사이에서 한여름 푸르렀던 잎이 저를 놓치지 않으려 제 몸의 붉은 눈물을 흘릴 것이다. 바람결도 그걸 알아 세심히 분다.

—「사이」 전문

거울을 보다 문득 마주하게 된 자신의 눈동자를 한참이나 바라보고 있는 것처럼 낯설고 쓸쓸하면서도 단단한 결기를 엿보게 된다. 외로움이라는 본질을 품고 있는 것이 인간 존재의 주된 풍경이다. 「사이」는 삶의 계절과 나무의 계절을 동일시하는 인식에서부터 시작된다. "여름의 세계에 가을이 들어오려 하고 있다. 분명 그 사이에서 한여름 푸르렀던 잎이 저를 놓치지 않으려 제 몸의 붉은 눈물을 흘릴 것"이라는 존재의 아픈 인식이 있다. 우리는 삶에서 변화를 맞이할 때 어쩔 수 없이 아픔을 수반한다. 또한 초록이 무성하던 시절에 있다가도 빈 가지로 추위와 어둠을 견뎌야 하는 삶의 순간에 직면하기도 한다. "이편과 저편의 딱 그 가운데에 있어 무얼 해야 하는지 모르"는 시간이 존재한다. 처지가 정처 없고 막막하게 느껴지는 시간. 그 시간이야말로 이해력이 넓어지는 존재들의 시간이다. 모든 것이 흔들리고 녹아내릴 때, 그때가 바로 우리가 삶의 진실과 마주치는 순간이다. 세상만물은 모였다가 다시 흩어질 뿐이다. 슬픔이든 고통이든 그것이 무엇이든 시의 공간에서 붉은 눈물을 흘릴 때 "바람결도 그걸 알아 세심히 불"어 준다. 바람으로 인해 '사이'가 생성되고, 드디어 소멸되는 것.

3. 생(生)의 길섶마다 숨겨둔 결핍

기다려야 할 것들이 너무 많아 침묵은 모두 미지의 음악 소리를 갖는다. 시인은 이러한 미지의 새로운 세계를 창조하는 이들이다. 새로운 세계에서 연민하고 아파하며 탄식한다. 또한 이미 있는 세계를 들여다보며 거울처럼 반성의 시간을 갖기도 한다. 이 시간은 모든 존재의 시간을 이해해가는 과정이며, 그리하여 나의 존재가 꿈꾸는 것들을 깨닫게 되는 순간이다.

안나 카레니나가 기차를 타고

멀어지는 브론스키를 보았을 때

내 삶은 기억되는 줄 알았다

보통의 날에

고전을 읽고

그곳의 입맞춤을 따라한다

화려한 군무여

그러나 나는 여전히 느리네

사랑할 여유가 없고

온종일 노랗게 짓무른 하늘만 보네

때로는 가쁜 숨을 토하고

내가 울었던 날이

구름도 하얗게 샌 어느 날이

지나치지도 않게 적당했던 하루에

그래, 잘했다 토해내고 천천히 지워지고

수신인 없는 편지 마지막에

내 이름 세 글자를 쓰고

연약한 연애를 닮은 얼굴로 초라한 옷깃을 여민다

그런 기차를 타고 싶었다

안나가 울던 기차

안나처럼 사랑하리라 했다

안나처럼 수줍지만 초라하지

　　　　—「안나 카레니나에게 부쳐」 전문

『안나 카레니나』는 진실한 사랑과 예술, 종교, 죽음 등 삶에 관한 모든 것을 쏟아부은 톨스토이 문학의 집대성이다. 톨스토이는 이 시기를 기점으로 세계관이 크게 바뀌는데, 자신이 잘못 살았다는 통렬한 심정으로 참회록을 쓰기에 이른다. 고전의 엄숙함을 잠시 접어두고 '안나'를 보자면 고관대작의 부인이 젊은 장교 '브론스키'와 사랑에 빠지면서 벌어지는 이야기로, 체면 때문에 자신과 이혼해주지 않는 남편과 어린 딸과 아들 사이에서, 지독한 불행을 견디지 못한 그녀가 달리는 기차에 스스로 몸을 던지는 내용이다. "보통의 날에/고전을 읽고/그곳의 입맞춤을 따라하"던 주체는 자신의 사랑을 돌아보게 된다. "그러나 나는 여전히 느리네/사랑할 여유가 없고/온종일 노랗게 짓무른 하늘만 보네/때로는 가쁜 숨을 토하"는 주체. 안나와 비교하여 주체는 사랑에 온몸을 뜨겁게 던지는 용기가 부족함을 고백하고 있다. "수신인 없는 편지 마지막에/내 이름 세 글자를 쓰고/연약한 연애를 닮은 얼굴로 초라한 옷깃을 여미는" 목소리가 들린다. 시적 주체는 일상 때문에 사랑을 뿌리쳤거나 혹은 이별을 경험하는 중인지도 모른다. 마음으로는 수십 번 잡고 싶었으나, 흐린 얼굴로 내면에서 섬세하게 흔들리고 있는 흔적들에게 눈길을 보내고 있을 따름이다.

정오가 되자 태양이 넘실거리기 시작했다
붉은 아지랑이가 정수리에 맺혀 떨어지고
머리 위엔 쉴 곳이 없어 뜨거움이 숨을 데가 없다

열병 든 호흡이 가쁘다
타는 해의 작열함을 잊으려 그때의 무모함을 생각했다

치기어린 용기
겁 없는 의기
인생의 열병을 담은 청춘의 시기
타는 목마름이 맺혀
도망갈 데가 없던 한낮의 투명한 창

그리운 날들은 여름과 닮았고
오늘처럼 햇빛이 화려하게 비추는 날에는
지나간 여러 날이 더욱 그립다
젊은 날, 보고 싶은 파편의 기억
간직하고 싶은 청춘

여름의 한낮은 더욱 찬란하다
뜨겁게 타오르던 나의 삶
　　—「팔월의 한낮은 청춘과 닮았다」 전문

　청춘의 속성은 삶을 온전히 살아내려는 의지의 시간을 고스란히 담고 있다. 세계에 대해 온몸으로 뜨겁게 맞이하는 한낮이며, 가장 생기 넘치는 절기이다. 청춘은 "치기 어린 용기/겁 없는 의기/인생의 열병을 담은 청춘의 시기/타는 목마름에 맺혀/도망갈 데가 없던 한낮의 투명한 창"이다. 동화의 한 장면처럼 아름답고 늘 "간직하고 싶은" 시간이다. 그러나 청춘은 지나간다. 그 지나가는 시간을 아쉬워하며 청춘의 속성을 닮은 "여름의 한낮은 더욱 찬란하"게 느껴진다. 이 시에서는 "뜨겁게 타오르던 나의 삶"에 대한 기록이며 염원이며 질문이다. 분명한 건, 이 젊음의 한때가 지나간다는 것. 이 진리를 끌어안고 현실을 직시하는 진지하고 예리한 시선을 확보하고 있다. 그 절박한 시간에 직면하여 자신의 입안 가득 발화되지 못한 청춘을 노래하는 삶의 통찰력이 존재한다.

4. 지도에 없는 보물섬을 찾아 떠나는 노래

　살아가는 일은 먼 곳에 존재해 있다가 가까이 다가오는

모르는 근심처럼, 자신의 몸을 매일 낯설게 만드는 일이다. 옆구리에서 자주 울음이 새는 일이다. 그렇게, 삶과 어둠과 시간은 지나간다. 팔베개 같은 봄밤과 초콜릿처럼 녹는 밤은 다가오고, 지나가리라. 오욕을 견디느라 입술이 온통 헐은 채 지나가는 밤도 있으리라. 그러나 이 모든 삶의 시간들은 내가 다 불러들인 세계임을 인지해야 한다. "청춘의 발로로/그 어떤 곳에서도 반짝반짝 빛날 거라던/가슴의 찬 열정으로 도착했던/그때, 그날/파리에서 서쪽으로 옹플레르"(「파리에서 서쪽으로, 옹플레르」)에서 청춘의 싱싱한 날갯짓으로 박소진의 세계는 호기심으로 빛이 난다. "밖에라도 나가보려고/움츠린 발가락 몇 번 펴보고/신던 신발 가지런히 놓으니/울렁대는 초록빛이 가슴을 친다/하늘빛 쪽빛이라/하늘도 따뜻함을 품고/만물이 기지개를 켜는 포용에/알몸으로 거리를 나"(「햇살 좋은 날이 항상 따뜻하지만은 않다」)가 보기도 한다. 그러나 이 세계는 항상 따뜻하지만은 않으므로 시인은 그 시간으로 자주 열병을 앓게 된다. 시적 주체는 세상에 없는 보물섬을 상상하고 노래한다. 매혹적인 시간들은 꽃나무를 심어놓고 자라게 한다. 그 나무는 푸른 하늘을 만지며 새들의 쉼터가 되게 해주었으며 이미 사라진 시간들로 인해 흔들리기도 한다. "나를 지나/큰 벽을 가로지르자/거기/앉은/고요한 소/란 가득/말 없는 말"(「그림자놀이」)이라는 문장이 뇌리에 얼룩처럼 남아 있다. 스스로 허공이 되어 소란 가득한 말들을 삼킨다. 길목에 핀 장미꽃처럼 유일해진다. 가득해진다. 드디어 길을 만들어내고 있는, 그 길 '사이'에 있는 아름다운 얼룩 같은 것 말이다.

이 도서의 국립중앙도서관 출판시도서목록(CIP)은 서지정보유통지원시스템 홈페이지(http://seoji.nl.go.kr)와 국가자료공동목록시스템(http://www.nl.go.kr/kolisnet)에서 이용하실 수 있습니다.(CIP제어번호: CIP2014000977)

문학의전당 시인선 174

사이, 시선의 간극

ⓒ 박소진

초판 1쇄 인쇄	2014년 1월 13일
초판 1쇄 발행	2014년 1월 20일
지은이	박소진
펴낸이	김석봉
책임편집	이현호
디자인	조동욱
펴낸곳	문학의전당
출판등록	제311-2012-000043호
주소	서울시 은평구 연서로11길 7-5 401호
편집실	서울시 마포구 마포대로 127, 413호(공덕동, 풍림VIP빌딩)
전화	02-852-1977
팩스	02-852-1978
블로그	http://blog.naver.com/mhjd2003
전자우편	sbpoem@naver.com
ISBN	978-89-98096-62-5 03810

*이 책의 판권은 지은이와 문학의전당에 있습니다.
*양측의 서면 동의 없는 무단 전재 및 복제를 금합니다.
*잘못 만들어진 책은 바꿔드립니다.